Ute Winkler / Lio Kulan

Wohnen mit Perlen

Accessoires aus Perlen, Draht und mehr

Windlicht in Orange-Braun

Aus Golddraht eine Spiralschnur (35 cm) wickeln, durch diese den Aludraht (ø 2 mm) ziehen. Die Drahtenden zu einem Haken und einer Spirale drehen und den Draht zu einem Ring biegen.
Die Halterungen aus dünnem Aludraht formen. Dazu ein Drahtende zu einer kleinen, das andere zu einer größeren Spirale drehen. Nun mittig auf den Glasrand legen und so formen, dass die kleine Spirale im Glas und die große außen hängt. Die Halterungen gleichmäßig auf dem Glasrand verteilen und den Aluring außen einhängen. Nun die äußeren Spiralen der Halterung eng am Aludraht nach oben schließen.
Für den inneren Perlenbogen auf einen Perlonfaden (49 cm) 2 cm Rocailles in Orange, 1 Glasstift in Braun, wieder 3 Rocailles, 1 Wachsperle, 3 Rocailles, 1 Glasstift und 2 cm Rocailles fädeln. Dann den nächste Bogen arbeiten, wieder mit den Rocailles beginnen. Die Wachsperle sollte immer in der Mitte des Bogens hängen, sonst mit Rocailles ausgleichen.
Für die äußere Perlenbögen die Perlen unregelmäßig auf einen Perlonfaden (ca. 80 cm) auffädeln. Glasschliffperlen setzen hier Akzente.
An jedem Spiralhalter hängen zusätzlich 8 cm und 10 cm lange Perlenstränge, deren Abschlüsse Glasschliffperlen bilden.

Material

- Windlicht, ø 14 cm, 13 cm ho
- Wachsperlen, ø 10 mm
- 10 Glasschliffperlen in Bergkristall, ø 10 mm und je ca. 20 Glasschliffpe len in Topas und Jaspis, ø 6 mm
- Rocailles in Orange Gelb und Braun, ø 2,5 mm
- Glasstifte in Gold u Braun, 6 mm lang
- Aludraht, ø 2 mm, ca. 60 cm lang und ø 1 mm, 6 x 16 cm lang
- Golddraht, ø 0,3 m

Für die großzügige Unterstützung danken wir den Firmen Creative Hobbies GmbH, Pracht, Hobbygroß Erler GmbH, Kars, Plaid Deutschland GmbH und Rayher Hobby GmbH.

Fotos: frechverlag GmbH, 70499 Stuttgart;
Fotostudio Ullrich & Co., Renningen

Dieses Buch enthält:
1 Vorlagenbogen

Auflage: 5. 4. 3. 2. 1. | Letzte Zahlen
Jahr: 2006 2005 2004 2003 2002 | maßgebend

frechverlag GmbH, 70499 Stuttgart
Druck: frechdruck GmbH, 70499 Stuttgart

ISBN 3-7724-3012-0 · Best.-Nr. 3012

Edles Wohnambiente selbst gemacht: Lassen Sie sich verzaubern von der Welt der Perlen. Ihr Glitzern und Schimmern können Sie mithilfe dieses Buches in Ihre Wohnung holen. Lampenschirme, Vorhänge und auch kleine Dinge wie Serviettenringe und Windlichter verwandeln sich dank Perlen in attraktive Blickfänge.
Lassen Sie sich inspirieren und probieren Sie ruhig auch einmal ganz andere, zu Ihrem eigenen Stil passende Farbkombinationen aus!

Viel Vergnügen beim Gestalten und Wohnen mit Perlen wünschen Ihnen

 und 

Material und Hilfsmittel

- Rocailles, Glasstifte, Wachsperlen und Pailletten
- Facettensteine und Glasschliffperlen
- Quetschperlen
- Perlennadel, extra lang und normal
- Perlon- und Perlenaufreihfaden
- Nähnadel, Nähfaden und Schere
- Aludraht, ø 1 mm und 2 mm
- Draht und Effektdraht, ø 0,25 mm bis ø 1,0 mm
- Flach-, Spitz- und Kneifzange
- Spiralwickler
- Doppelseitiges Klebeband in Transparent, Kraftkleber, Sekundenkleber, Heißklebepistole

Genaue Materialangaben finden Sie bei den einzelnen Objekten. Die Hilfsmittel werden dort nicht extra erwähnt.
Wenn nicht anders angegeben, benötigen Sie weniger als eine Dose oder einen Beutel Rocailles, Glasstifte, Wachsperlen oder Pailletten für die Anfertigung der Objekte.

So wird's gemacht

Das Auffädeln auf Perlon- und Perlenaufreihfaden

Bevor Sie Perlen auf einem Faden aufreihen, fixieren Sie die erste Perle mit einem leichten Knoten am Ende des Fadens.
Um die Perlen auffädeln zu können, benötigen Sie einen Faden und eine Nadel. Verwenden Sie einen Perlonfaden ab der Stärke 0,25 mm, dann können Sie die Perlen auch direkt mit dem Faden aufnehmen.
Die Verwendung eines Perlonfadens hat den Vorteil, dass er sich farbneutral verhält, was besonders gut ist, wenn sie verschiedenfarbige Perlen verwenden. Der Nachteil ist, dass er nicht so locker und geschmeidig wie ein Textilfaden fällt und ein Knoten sich leichter wieder lösen kann, wenn der Faden zu kurz abgeschnitten wird. Aus diesem Grund verwenden wir lieber Garn.

Das Verknüpfen des Fadenendes

Nachdem Sie die Perlenreihe fertig aufgefädelt haben, verknoten Sie den Faden zwischen der letzten und vorletzten Perle und fädeln den Faden wieder durch einige Perlen zurück. Erst hier schneiden Sie ihn ab. Somit vermeiden Sie abstehende Fadenenden.

Das Auffädeln auf Draht

Wenn Sie Perlen auf Draht aufziehen, biegen Sie zuerst mit der Spitzzange eine kleine Öse am Drahtende. So sitzen die Perlen fest auf dem Draht.
Bei allen Arbeiten, bei denen der Draht mit den aufgezogenen Perlen gebogen werden soll, müssen diese locker sitzen. Verwenden Sie etwas mehr Draht, da sonst die Perlen auf zu engem Raum durch das Biegen brechen.

Tipp

Bevor Sie den Faden in die Nadel fädeln, testen Sie, ob sich die Nadel auch durch die benötigten Perlen ziehen lässt.

Fenstervasen

Fenstervase mit Drahtspirale

Legen Sie 80 cm des Aludrahtes mittig fest um die Halterung des Saugnapfes. Nun jedes der Drahtenden einmal eng um das Reagenzglas wickeln, so dass es darin hängen bleibt. Dann formen Sie die Drahtenden zu Spiralen und legen diese so, dass eine nach oben, die andere nach unten zeigt.
Auf den Silberdraht in unregelmäßiger Reihenfolge Rocailles, Glasstifte und Glasschliffperlen auffädeln. Vielleicht haben Sie in Ihrem Fundus noch andere, farblich passende Perlen, dann nehmen Sie diese ruhig dazu.
Zuletzt die große Perle und drei Rocailles auffädeln. Zum Fixieren den Faden um die letzte Rocaille herum in den Perlenstrang zurückführen und den Draht verdrehen.
Die Perlenschnur nun von unten nach oben um das Reagenzglas wickeln, um die Halterung des Saugnapfes legen und den Rest des Stranges, zu einer Spirale gedreht, neben dem Glas herunterhängen lassen.
Nun aus Golddraht eine enge Spirale wickeln und diese locker um den Rest Aludraht legen. Den Anfang der um das Reagenzglas gewickelten Perlenschnur an diesem Drahtring befestigen und den Spiralring über das Glas schieben.
Zuletzt kleben Sie den Spiegel auf die Saugnapfhalterung.

Material

- Saugnapf
- Reagenzglas
- Spiegel, ø 2 cm
- Glasschliffperlen ir Bergkristall, 7 x ø 4 mm, 1 x ø 8 m und Topas, ø 6 mm
- Rocailles in Orang und Braun, ø 2 mr
- Glasstifte in Braun und Gold
- Aludraht, ø 2 mm, 80 cm und 5 cm la
- Silberdraht, ø 0,4 mm, ca. 1 m lang
- Golddraht, ø 0,3 m

Material

- Aludraht, ø 2 mm, ca. 1,25 m lang
- Spiegel, ø 2 cm
- Perlenherzen, 1 x ø 2 cm und 5 x ø 5 mm
- Je 13 Glasschliffperlen in Gelb und Braun, ø 6 mm
- Rocailles in Braun und Orange, ø 2,5 mm
- Glasstifte in Braun und Gold, ø 2 mm
- Silberdraht, ø 0,3 mm, ca. 90 cm lang

Fenstervase mit Perlen

Winden Sie den Aludraht in einer engen Spirale um das Reagenzglas. 10 cm Draht unbearbeitet lassen und nun den Draht einmal fest um den Saugnapf legen. Den restlichen Draht davor zu einer großen Spirale drehen.
Auf den Silberdraht (90 cm) fädeln Sie nun in unregelmäßiger Reihenfolge Perlen auf. Nehmen Sie doch passende Perlen aus Ihrem Fundus dazu! Mit dem Perlenstrang umwickeln Sie die Drahtspirale.
Die herabhängenden Perlenstränge (Perlenaufreihfaden) sind 15,5 cm, 19 cm und 21,5 cm lang. Fertigen Sie sie nach dem Foto und wie auf Seite 5 beschrieben und fixieren Sie sie mit einer Schlaufe am Draht (siehe Seite 42).

Perlenzauber bei Tisch

Schutzhaube für Leckereien

Ein Silberdrahtende zu einer Öse biegen und Perlen und Glasstifte unregelmäßig aufreihen. Das Drahtende zu einer weiteren Öse biegen, aus dem Perlenstrang ein „S" formen und dieses mit einem Faden oder dünnerem Draht auf der Haube befestigen. So drei „S" anbringen.
Dann neun neunblättrige Blüten fertigen (siehe Efeukranz, Seite 34) und auf der Haube befestigen.

Material

- Silberdraht, ø 0,4 mm, 25 cm la
- Rocailles in Grüntönen, Orange Gelb und Gold, ø 2,5 mm und ø 4 mm
- Wachsperlen in Schwarz und Natur, ø 4 mm
- Glasstifte in Grün

Tischset

Zuerst beschneiden Sie die Kanten der Filzstreifen (ca. 5 cm und 2 cm breit) mit der Wellenschere.
Dann formen Sie wie oben beschrieben einen s-förmigen Schnörkel und sechs Blüten und nähen oder kleben diese auf den breiten Filzstreifen auf. An den schmalen Filzstreifen nähen Sie kleine Perlenbänder, die Sie aus je vier Rocailles und einem Glasstäbchen herstellen.
Zuletzt kleben Sie die Filzstreifen auf ein Tischset auf.

Material

- Tischset in Orange
- Silberdraht, ø 0,4 mm, 25 cm lang
- Rocailles in Grün, Orange, Gelb, Rot und Gold, ø 2,6 mm
- 8 Wachsperlen in Natur, ø 4 mm
- 18 Glasstifte in Grün, 2 cm lang
- Filz in A4 in Gelb
- Wellenschere
- Textilkleber

Serviettenring

Fädeln Sie die Perlen auf den Draht auf und wickeln Sie diesen locker um das Rundholz, da die Perlen sehr leicht brechen.
Dann nehmen Sie die entstandene Spiralschnur ab und schließen sie zu einem Ring.

Material

- Silberdraht, ø 0,4 mm, 80 cm lang
- Rocailles in Orange, Gelb, Grün und Schwarz, ø 2,6 mm
- Rocailles in Orange, Grün und Kristall, ø 3 mm
- Rundholz, ø 8 mm

Lampentraum aus 1001 Nacht

Aus dem Silberdraht wickeln Sie mehrere Spiralen, die Sie um den Lampenschirmring schlingen. Darin werden die Perlenschnüre verknotet. Verwenden Sie Perlenaufreihgarn statt Perlonfaden, die Knoten halten dann besser.
Sie können beliebig viele, unterschiedlich lange Perlenstränge arbeiten, an unserer Lampe sind es etwa 100 Stränge mit einer Länge von 20 cm bis 29 cm. Je dichter die Perlen hängen, desto schöner schimmert das Licht durch den Schirm hindurch.

Tipp
Wenn Sie weniger Perlen verarbeiten möchten, verwenden Sie schmale, farblich passende Organzabänder, die Sie mit Facettensteinen verzieren.

Material

- Lampenschirmring, ø 15 cm
- Silberdraht, ø 0,25 mm
- Tropfen in Rot, 8 x 26 mm x 21 mm und 36 x 15 mm x 12 mm
- 24 Tropfen in Transparent, 15 mm x 12 m
- 100 Facettensteine in Rot, ø 15 mm
- 54 Glasschliffperlen in Rubin, ø 6 mm
- Je 3 Dosen Rocailles in Rot und Dunkelro ø 4 mm und ø 2 mm
- Je 2 Dosen Rocailles in Transparent, Schwarz und Transparent mit Silbereinzug ø 2 mm und ø 4 mm
- 2 Dosen Glasstifte in Schwarz irisierend, 6 mm lang
- 2 Dosen Glasstifte in Rot, 20 mm lang
- 1 Rolle Perlenaufreihfaden

Ensemble in Grau

(Abbildung Seite 13)

Material

- Glas, ø 6,5 cm, 6 cm hoch
- Silberdraht, ø 0,6 mm, 1,1 m lang
- Rocailles in Schwarz, Silber und Kristall, ø 2,5 mm
- Band in Grau-Weiß kariert, 2 cm breit, ca. 30 cm lang

Kleines Windlicht

Fädeln Sie die Perlen nach Belieben auf den Silberdraht. Biegen Sie diesen zu 4 cm hohen Schlaufen und formen Sie dann einen Ring, indem Sie Anfang und Ende miteinander verdrehen.
Jetzt das Band durch die Schlaufen ziehen, achten Sie dabei aber darauf, dass die Perlen auf der Vorderseite sind.
Fixieren Sie doppelseitiges Klebeband um den unteren Glasrand und schieben Sie den Drahtring von unten über das Glas. Das Band wird über dessen Verbindungsstelle verknotet.

Großes Windlicht

Zuerst nähen Sie den Stoff zusammen.
Dann bringen Sie an einer Seite eines Bandes Perlen an. Dazu das Band knapp oberhalb der Bandkante durchstechen und nacheinander kleine Rocailles in 2 x Kristall, 1 x Schwarz und 2 x Kristall sowie 1 große Rocaille auffädeln. Nun stechen Sie in die vorletzte Perle zurück und ziehen den Faden durch alle Perlen wieder zum Ausgangspunkt, wo Sie einen Fixierstich setzen. Im Abstand von 1 cm wieder ansetzen und 1 große Rocaille, 1 schwarze Wachsperle, 2 kleine Rocailles in Kristall und eine Wachsperle aufziehen. So arbeiten Sie abwechselnd das gesamte Band.
Dann kleben Sie um den oberen und unteren Glasrand doppelseitiges Klebeband und ziehen den Stoffschlauch über. Fixieren Sie ihn so an der oberen Kante, dass der Stoff gleichmäßig um das ganze Glas fällt. Stellen Sie nun das Glas auf den Kopf und verfahren Sie ebenso.
Nun das Band mit den Perlen mit einigen Stichen am oberen Glasrand festnähen, das zweite Band unten fixieren.
Um das Glas locker Silberdraht, auf den Sie einige Perlen aufziehen, und Effektdraht schlingen. Die Enden werden unter die Bänder geschoben.

Material

- Glas, ø 10 cm, 15 cm hoch
- Organzastoff, 35 cm x 18 cm
- Band in Grau-Weiß kariert, 2 cm breit, 2 x 35 cm
- Silberdraht, ø 0,25 mm, 1,1 m lang
- Effektdraht, 1,1 m lang
- Rocailles in Kristall und Schwarz, ø 2,5 mm, und in Kristall, ø 3 mm
- Glasstifte in Grau, Silber, Schwarz und Kristall, 6 mm lang
- Wachsperlen in Weiß und Schwarz, ø 4 mm

Paillettenbesetzte Mitteldecke

Die Deckennaht ist mit Pailletten verziert. Dazu stechen Sie mit der Nadel von unten durch die Paillette und eine silberne Perle. Den Faden anziehen und durch die Paillette wieder auf die Deckenrückseite zurückführen, wo Sie einen Fixierstich direkt unter die Paillette setzen. So im Abstand von 0,5 cm bis 1 cm weiter verfahren.
In die Quasten nähen Sie Perlenstränge ein und befestigen sie dann mit einigen Stichen an den Ecken.

Material

- Organzadecke in Grau, 1 m x 1 m
- Rocailles in Silber, Schwarz, Creme und Rot, ø 2,5 mm
- 2 Dosen Pailletten in Schwarz, ø 6 mm
- Glasstifte in Schwarz und Kristall, 7 mm lang
- Wachsperlen in Weiß und Schwarz, ø 4 mm
- 4 Quasten in Grau, 11 cm lang

Edles Wohnambiente

Leuchter mit Glasfuß

Zuerst wickeln Sie aus den fünf Silberdrahtstücken mithilfe des Holzstabes Spiralen. Dann fädeln Sie auf den 80 cm langen Silberdraht nach Belieben einige Perlen und eine der Spiralen auf. Drehen Sie den Draht mit der Spirale zu einer Rundung und fixieren Sie die entstandene Schlaufe durch zwei Umdrehungen des durchlaufenden Drahtes. So arbeiten Sie weiter, bis alle Spiralen aufgebraucht sind. Nun legen Sie den Effektdraht mittig zusammen, wickeln ihn lose um den Silberdraht und schlingen dann beides um den Leuchter.
Binden Sie aus dem Band eine Schleife, die mit der Kordel am unteren Ende der Kerze angebracht wird.
Vergessen Sie nicht, die Kerze immer rechtzeitig auszuwechseln.

Material

- Kerzenleuchter mit Glasfuß, 28 cm hoch
- Silberdraht, ø 0,25 mm, 1 m lang, und ø 0,5 mm, 80 cm lang
- Silberdraht, ø 0,5 mm, 5 x 60 cm.
- Effektdraht, 1,6 m lang
- Rocailles und Glasstifte in Schwarz, Grau, Silber, Rot und Kristall
- Kordel in Weiß, ø 2 mm, 30 cm lang
- Band in Grau-Weiß kariert, 2 mm breit, 30 cm lang
- Rundstab, ø 8 mm

Material

- Kerzenleuchter in Silber, ca. 30 cm hoch
- Silberdraht, ø 0,5 mm, ca. 30 cm lang
- 5 Tropfen in Schwarz, 20 mm x 11 mm
- Wachsperlen in Schwarz, 10 x ø 8 mm und 12 x ø 4 mm
- 10 Wachsperlen in Weiß, ø 4 mm
- 5 Metallrauten, geriffelt, ø 5 mm
- Glasstifte, 6 mm lang, 10 x in Schwarz und 5 x in Kristall
- Rocailles in Schwarz und Silber, ø 2 mm, in Kristall, ø 3 mm, und in Weiß, ø 2,5 mm
- 5 Quetschperlen

Silberner Kerzenleuchter

Bei diesem Modell werden der Perlenring, der auf dem Kerzenteller aufliegt, und die Schlingen parallel gearbeitet.
Formen Sie an einem Ende des Silberdrahtes eine kleine Öse. Fädeln Sie dann 7 Rocailles, 1 schwarze Perle (ø 4 mm), 7 Rocailles und 1 schwarze Perle (ø 8 mm) auf. Legen Sie die Arbeit vorerst beiseite.
Jetzt fädeln Sie die Perlen für den ersten Bogen auf Aufreihfaden auf: Lassen Sie genügend Faden (ca. 10 cm) stehen und beginnen Sie mit 1 Rocaille, die Sie mit einem lockeren, leicht wieder zu öffnenden Knoten sichern, und 49 weiteren Rocailles.

Nun nehmen Sie den zuerst gearbeiteten Draht wieder zur Hand und stechen mit einer Nadel durch die große Perle und zwar von der Seite, auf der bereits die Rocailles aufgefädelt sind. Ziehen Sie den Faden leicht an und lassen Sie ihn dann mit der Nadel hängen. Nun fädeln Sie auf den Silberdraht erneut 14 Rocailles und je 1 schwarze Perle in ø 4 mm, dann in ø 8 mm auf. Nun müssen Sie wieder den Bogen aus 50 Rocailles arbeiten und den Faden durch die schwarze Perle führen. Insgesamt arbeiten Sie fünf Perlenbögen. Wenn Sie den Faden durch die fünfte schwarze Perle geführt haben, biegen Sie den Draht vorsichtig zu einem Ring. Öffnen Sie nun den Sicherungsknoten an der ersten Perle und verknoten Sie die beiden Fadenenden zur letzten Schlinge fest miteinander.
Mit dem restlichen Draht formen Sie einen kleinen Haken, den Sie in die Öse am anderen Ende des Drahtes einhängen und zusammendrücken.

Die herunterhängenden Perlenbänder werden wie folgt gearbeitet: 1 Tropfenperle verknoten, Rocailles in 3 x Kristall, 1 x Silber, 1 schwarze Perle (ø 4 mm). Weiter Rocailles in 1 x Silber, 3 x Kristall, 1 x Silber und 1 Glasstift in Schwarz. Nun Rocailles in 1 x Silber, 3 x Kristall, 1 x Silber und 1 schwarze Perle (ø 8 mm) und wieder Rocailles in 1 x Silber, 3 x Kristall, 1 x Silber. Dann 1 Glasstift in Kristall und Rocailles in 1 x Silber, 3 x Kristall, 1 x Silber, 1 Metallraute und Rocailles in 1 x Silber, 3 x Kristall, 1 x Silber, 1 Glasstift in Schwarz und weiter Rocailles in 1 x Silber, 3 x Kristall, 1 x Silber. Nun 1 schwarze Perle (ø 4 mm), Rocailles in 1 x Silber, 3 x Kristall, 1 Quetschperle und 1 Wachsperle. Um diese führen Sie den Faden herum und fixieren ihn durch Zusammendrücken der Quetschperle. Mit einem zurechtgebogenen Drahthaken hängen Sie die Schnüre an die Perlenbögen.

Perlenherz

Das Herz mit Silber- und Effektdraht umwickeln und die Perlen mit Heißkleber fixieren. Zuletzt die Schleife zum Aufhängen anbringen.

Material

- Dekoherz in Silber, 24 cm
- Silberdraht, ø 0,25 mm, ca. 2-3 m lang
- Effektdraht in Silber, ca. 2-3 m lang
- Wachsperlen in Weiß, ø 10 mm
- Wachsperlen in Gold, Schwarz und Silber, ø 4 mm
- Organzaband in Grau, 7 cm breit, ca. 60 cm lang

Kleines Balkonlicht

Für den unteren Drahtring drehen Sie den Aludraht (ø 2 mm) an einer Seite zu einer Spirale mit fünf Windungen. Den weiteren Draht legen Sie einmal um den unteren Rand des Glasschirmes, so dass ein für das Windlicht passender Ring entsteht. Den Rest des Drahtes biegen Sie in einer zweifachen Welle nach oben. Das Drahtende wird zu einer kleinen Spirale gedreht.
Auf 2 m des dünnen Silberdrahts fädeln Sie in unregelmäßiger Farbfolge Perlen auf und umwickeln damit locker den Aludraht.
Für den oberen Drahtring formen Sie aus Aludraht (ø 2 mm) wie oben beschrieben einen Ring und drehen die Enden des Drahtes zu Spiralen. Auch diese Drahtverzierung wird mit einem Perlenstrang verschönert.
Zuletzt ziehen Sie auf den stärkeren Silberdraht in beliebiger Reihenfolge Rocailles auf und umwickeln damit den Teelichthalter.

Material

- Teelichthalter mit Glasschirm in Weiß satiniert, ø 11 cm, 20 cm hoch
- Silberdraht, ø 0,25 mm, ca. 2 m und 80 cm lang
- Silberdraht, ø 0,4 mm, 45 cm lang
- Aludraht, ø 2 mm, 1 m und 35 cm lang
- Rocailles in Bunt, ø 2,8 mm

Organza-windlicht

Den Stoff fixieren Sie mit Bleiband, dessen Rand Sie auf einer Seite mit der Motivschere beschnitten haben, am oberen Glasrand, so dass er sich etwas überlappt. Dann raffen Sie den Stoff zusammen und drehen ihn zu einer Seite, so entstehen die Stofffalten. Wie oben beschrieben auch am unteren Windlichtrand verfahren.
Die Stofffalten nun mit Silberdraht fixieren. Dazu durchstechen Sie mit dem Silberdraht eine Stofffalte, fädeln einige Perlen auf den Draht und führen diesen nach 2,5 bis 5 cm wieder durch eine Stofffalte. So nach Belieben weiter verfahren. Die Drahtenden verdrehen Sie mit der letzten Perle.

Material

- Windlichtglas, ca. 20 cm hoch
- Organza in Blau, 45 cm x 19 cm
- Glasstifte in Blau, Türkis und Grün, 6 mm lang
- Rocailles in Blau- und Grüntönen, ø 2,5 mm und ø 4 mm
- Silberdraht, ø 0,2 mm
- Bleiband, 45 cm und 33 cm lang
- Büttenrandschere

Dekorative Flaschen

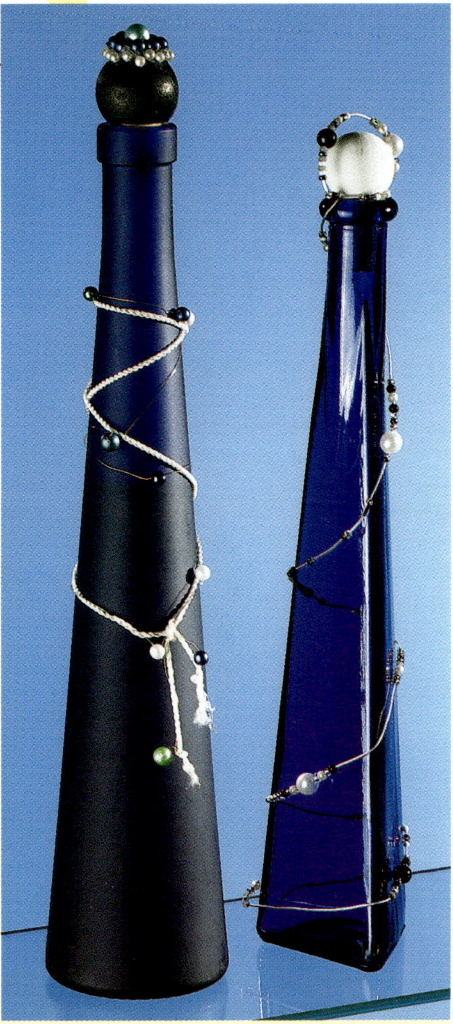

Blaue Flasche mit Kordel

Die Perlen unregelmäßig auf den Silberdraht auffädeln und damit locker die Kordel umschlingen, dabei die Perlen gleichmäßig verteilen. Dann ein Ende des Silberdrahtes und der Kordel miteinander verknoten, um den Flaschenhals legen und gegengleich um die Flasche wickeln. Verknoten Sie die Enden. Auf den Flaschenkorken kleben Sie mit einer Klebepistole einige Perlen ringförmig auf.

Material

- Flasche in Blau, ca. 35 cm hoch
- Flaschenkorken mit runder Holzkugel
- Kordel in Weiß, ø 2 mm, 50 cm lang
- Silberdraht, ø 0,25 mm, 60 cm lang
- Wachsperlen in Weiß, Grün- und Blautönen, ø 5 mm und ø 8 mm

Dreieckige Dekoflasche

Fädeln Sie die Perlen in lockerer Reihenfolge auf den Draht.
Biegen Sie aus etwa 10 cm Draht einen Bogen über dem Korken, dann wickeln Sie den Draht einmal um den Korken und weiter um die Flasche. Mit Heißkleber fixieren Sie ihn am Flaschenboden.

Material

- Dreieckige Flasche in Blau, ca. 30 cm hoch
- Flaschenkorken mit runder Holzkugel
- Silberdraht, ø 0,8 mm, ca. 70 cm lang
- Wachsperlen in Schwarz und Weiß, ø 4 mm, sowie in Schwarz, ø 8 mm, und in Weiß, ø 10 mm
- Rocailles in Grau, ø 2,5 mm, und in Kristall, ø 3 mm
- Glasstifte in Blau, 6 mm lang

Organzavorhang

Um den Holzstab kleben Sie doppelseitiges Klebeband und befestigen darauf die Organzabänder, deren untere Enden Sie unregelmäßig abschneiden.
Für die Reagenzgläser fädeln Sie die Perlen nach Belieben auf Silberdraht. An dem oberen und unteren Ende des Reagenzglases fixieren Sie nun einen Klebebandstreifen, auf dem Sie das Drahtende und einen Streifen Prägefolie befestigen.
Den Perlenstrang dann um das Reagenzglas winden und am unteren Ende wieder mit Prägefolie sichern.
Als Aufhängung befestigen Sie zwei Silberdrähte (20 cm) fest am Glasrand. Aus den überstehenden Drahtenden biegen Sie eine Schlaufe, an deren Enden Sie einige Perlen anbringen. Mit unterschiedlich langen Perlonfäden werden die Gläser dann am Holzstab befestigt.
Für die herabhängenden Perlenschnüre fädeln Sie einige Perlen in beliebiger Reihenfolge auf Draht, wobei Sie zwischen perlenbezogenen und freien Drahtstücken wechseln. Die jeweils erste und letzte Perle sichern Sie, indem Sie den Draht leicht verdrehen. Die Perlenschnüre dann an der Holzstange fixieren.
Für die Blüten befestigen Sie blaue Bandreste mit Klebeband auf einer Folie. Mit der Glitzerfarbe malen Sie nach Vorlage die Konturen der Blüten auf und lassen die Farbe gut trocknen. Danach die Blüten ausschneiden und mit einigen Perlen auf dem Vorhang befestigen. Besonders schön sehen zwei übereinander gesetzte Blüten aus.

Tipp
Den Vorhang können Sie in jeder beliebigen Größe arbeiten. Benutzen Sie dann einfach eine längere Holzstange und noch weitere, auch längere Organzabänder.

Material

- Holzstab, ø 10 mm, 65 cm lang
- Organzabänder, 5 x 8 cm breit, 1 m lang, in verschiedenen Grün- und Blautönen und 2 x 11 cm breit, 1 m lang, in Rot
- 5 Reagenzgläser, ø 2 cm, 15,5 cm lang
- Silberdraht, ø 0,2 mm
- Rocailles in Blau- und Grüntönen, ø 2,5 mm
- Prägefolie in Grün und Blau, je 1 cm x 6 cm
- Glitzerfarbe in Grün und Blau oder Bunt
- Folie, z.B. Prospekthülle

Vorlagenbogen

Kinderzimmerlampe

Zuerst bemalen Sie den Lampenschirm mit der Seidenmalfarbe. Nach dem Trocknen kleben Sie im Abstand von ca. 10 cm die Spiegel an den unteren Rand des Schirmes. Diese werden mit Ringen aus gelben Rocailles (Stranglänge ca. 7,5 cm) verziert. Für die Perlenstränge mit den Tierperlen verknoten Sie den Faden mit einer oder mehreren Perlen und fädeln danach eine Tierperle und beliebig viele Rocailles auf. Dann fixieren Sie den Faden zwischen zwei Spiegeln am Lampenschirm, indem Sie den Aufreihfaden durch den Stoff stechen. Auf den restlichen Faden nehmen Sie wieder gelbe und orangefarbene Perlen im Wechsel auf, bis ein Perlenstrang von 8-10 cm Länge entsteht. Den Abschluss bildet eine Perle mit Blumendekor.
Am oberen Rand des Lampenschirmes im Abstand von 3,5 cm Markierungen anbringen und acht Perlenbögen aus je ca. 24 Rocailles mit einer Glasschliffperle (ø 4 mm) in der Mitte fixieren.
Für den Lampenfuß zwei ca. 21 cm und 15 cm lange Perlenschnüre aufnehmen und als Abschluss je einen Delfin auffädeln. Diese werden zusammen mit einem Strang aus Rocailles und Glasschliffperlen (ca. 14 cm) unter der Lampenfassung befestigt.

Material

- Lampenfuß, 33 cm hoch
- Lampenschirm, ø 27 cm
- 8 Spiegel, ø 2 cm
- 7 Glas-Perlentiere
- 2 Dekodelfine
- Glasschliffperlen in Gelb, 10 x ø 4 mm, 3 x ø 6 mm
- 9 Perlen mit Blumendekor, ø 1 cm
- Rocailles in Gelb, Orange und Opak, ø 2 mm
- Evtl. Seidenmalfarbe in Gelb, Orange und Rot

Edles in Rottönen

(Abbildung Seite 25)

Material

- Aludraht, ø 1,5 mm, 60 cm und 45 cm lang
- Silberdraht, ø 0,25 mm
- Rocailles in Rot und Kristall, ø 0,3 mm

Herz aus Aludraht

Den 60 cm langen Aludraht an beiden Enden mit ca. drei Umdrehungen zu einer Schnecke drehen. Die Mitte des Drahtes markieren und diesen in einem leichten Bogen nach oben und in einem schwungvollen Bogen parallel nach innen bis kurz vor die Markierung führen.
Jetzt die beiden parallel liegenden Drähte mit Silberdraht ca. 4 cm hoch umwickeln. Nehmen Sie nun das kürzere Drahtstück und formen Sie die Enden ebenfalls zu gleich großen Schnecken. Dann den Draht zur Schlaufe biegen und von

vorne und hinten an die umwickelten Drähte ansetzen und mit Draht fixieren.
Fädeln Sie auf den Silberdraht die Rocailles auf und umwickeln Sie damit ein weiteres Mal den Spiralenhals.

Herz mit Effektdraht

Fädeln Sie die Rocailles nach Belieben auf den Draht auf und drehen Sie die Drahtenden zu Schnecken.
Nun den Draht nach oben zur Mitte und wieder zur Herzspitze zurück biegen (siehe oben). Fixieren Sie die beiden Drähte mit Silberdraht. Zuletzt den Effektdraht lose um das Herz schlingen und befestigen.

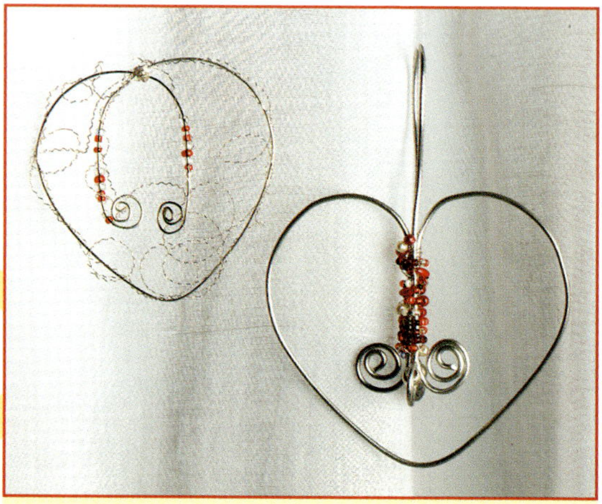

Material

- Silberdraht, ø 0,6 mm, 60 cm lang
- Effektdraht in Silber
- Rocailles in Rot und Kristall, ø 0,3 mm

Material

- Vorhang mit Schlaufen in Weiß
- Je 2 Chiffonbänder in Gelb, Rot und Bordeaux, 5 cm breit
- 3 Kegel in Rot, 25 mm lang
- 3 Tropfen in Rot, 30 mm lang
- Je 6 Glasschliffperlen in Rot, ø 6 mm und ø 12 mm
- Wachsperlen in Weiß und Schwarz, ø 4 mm
- Rocailles in Kristall, ø 3 mm
- Rocailles in Schwarz, ø 2 mm

Vorhang

Umwickeln Sie jeweils ein Bandende mit passendem Nähfaden und vernähen Sie diesen.
Dann fertigen Sie die Perlenverzierungen an. Für die Bänder mit Tropfen: Tropfen, 3 Rocailles in Silber, 1 schwarze Wachsperle, Rocailles in 1 x Silber, 1 x Schwarz, 1 x Silber, 1 Glasschliffperle (ø 6 mm), wieder Rocailles in 1 x Silber, 1 x Schwarz, 2 x Silber, 1 schwarze Wachsperle und 1 Glasschliffperle (ø 12 mm).
Stechen Sie nun mit Ihrem Faden in das umwickelte Ende des Bandes und schieben Sie die Glasschliffperle auf das Band. Den Faden gut mit dem Band vernähen, abschneiden und die Perle so darüber schieben, dass die Naht nicht sichtbar ist.
Für die Bänder mit Kegel: Kegel, 2 Rocailles in Silber, 1 Glasschliffperle (ø 6 mm), Rocailles in 1 x Schwarz, 1 x Silber, 1 x Schwarz, 1 weiße Wachsperle, Rocailles in 1 x Silber, 1 x Schwarz, 1 x Silber und zuletzt 1 Glasschliffperle (ø 12 mm).
Fahren Sie wie oben beschrieben fort. Zuletzt legen Sie die Bandenden über die Schlaufen des Vorhangs und nähen sie auf der Rückseite fest.

Kerzenleuchter

Die Perlenbögen zwischen den Leuchterarmen sind ca. 34 cm lang, insgesamt arbeiten Sie wie folgt vier Bögen: Rocailles in Grau, 5 x Kristall, Grau, Bordeaux, Grau, 2 x Kristall, Wachsperle (ø 4 mm), Rocailles in 2 x Kristall, Rot, Glasstift (ø 6 mm), Rocailles in Rot, 3 x Kristall, Rocaille (ø 4 mm), Rocailles in 3 x Kristall, Rot, Glasstift (6 mm), Rocailles in Rot, 3 x Kristall, Rocaille (ø 4 mm), Rocailles in 3 x Kristall, Grau, Wachsperle (ø 4 mm), Rocailles in Grau, 3 x Kristall, Grau, Bordeaux, Grau, 2 x Kristall, Rot, Eisperle, Rocailles in Rot, 2 x Kristall, Grau, Bordeaux, Grau, 3 x Kristall, Grau, große Wachsperle, Rocailles in Grau, 3 x Kristall, Grau, Bordeaux, Grau, 3 x Kristall und ein Kegel. Nun beenden Sie den Bogen in umgekehrter Reihenfolge und arbeiten ebenso drei weitere Bögen. Zuletzt knoten Sie den Faden zusammen. An den Kerzenleuchterarmen befestigen Sie die Schnüre mit kleinen Drahthaken so, dass der Kegel jeweils in der Mitte hängt.
Für die herunterhängenden Perlenschnüre fädeln Sie auf einen ca. 10 cm langen Faden eine Quetschperle und 6 cm Rocailles sowie je eine Wachsperle (ø 4 mm) und eine Glasschliffperle (ø 5 mm) nach Ihren Vorstellungen auf. Den Abschluss bildet eine große Glasschliffperle. Um diese führen Sie den Faden herum und stechen ihn bis zum Anfang zurück.
Nun biegen Sie aus 2 cm Silberdraht eine kleinen Öse. Die beiden Fadenenden führen Sie durch die Öse und die Quetschperle. Drücken Sie letztere zusammen und schneiden Sie den überstehenden Faden ab. Nun können Sie die Schnüre am Draht, der die Perlenschnur am Leuchterarm hält, befestigen.
Auch der Ständer wird geschmückt. Auf einen ca. 50 cm langen Faden fädeln Sie 12 Rocailles, Glasstift (20 mm), Rocaille in Rot, Wachsperle (ø 4 mm), Rocaille in Rot, Glasstift, 12 Rocailles nach Belieben und eine Quetschperle. Dreimal wiederholen und den Faden zu einem Ring verknoten.
Nun nehmen Sie Silberdraht und biegen an einem Ende eine kleine Schlaufe. Ziehen Sie den Draht durch eine der Quetschperlen des vorher gearbeiteten Perlenkreises, fädeln Sie 17 Rocailles auf und führen Sie den Draht wieder durch eine Quetschperle usw., bis alle Quetschperlen aufgenommen sind. Zum Schluss nochmals 17 Rocailles aufziehen.
Aus dem Silberdrahtende einen kleinen Haken biegen und mit der Öse vom Anfang verbinden.
Wenn Sie möchten, können Sie die Kerzenleuchterarme zusätzlich mit kleinen Schleifen schmücken.
Aus Schleifenband können Sie mit einigen Perlensträngen auch schnell einen schönen Serviettenring machen.

Material

- Kerzenleuchter, 27 cm hoch
- Wachsperlen in Weiß, ø 10 mm und ø 4 mm
- 4 Facettenkegel in Kristall, 25 mm
- 4 Glasschliffperlen in Transparent, ø 8 mm
- 4 Glasschliffperlen in Rot, ø 5 mm
- 8 Eisperlen in Weiß, ø 5 mm
- Rocailles in Rot, ø 4 mm, und in Grau gelüstert, Bordeaux, Rot und Kristall, ø 2,6 mm
- Glasstifte in Grau gelüstert, 6 mm lang, und in Rot, 20 mm lang
- 8 Quetschperlen
- Silberdraht, ø 0,5 mm

Fenstervase in Blau

Um das obere und untere Ende des Reagenzglases fixieren Sie schmale Streifen doppelseitiges Klebeband und umwickeln das Glas von unten nach oben mit der Silberkordel. Dabei abwechselnd eng und locker wickeln. Die Kordelenden fixieren Sie mit etwas Klebstoff.
Dann den Aludraht als Halterung viermal um den Glasrand wickeln und den Draht zum Saugnapf führen. Dort befestigen Sie den Draht mit zwei Windungen, biegen ihn dann in einem großzügigen Bogen vor das Reagenzglas und drehen den Rest zu einer Spirale. Auf den Silberdraht blaue Rocailles, kleine Glasschliffperlen und Glasstifte und zuletzt die große, blaue Glasschliffperle fädeln und damit vom Spiegel aus die Drahtspirale umwickeln.
Nun auf die Saugnapfhalterung mit Kraftkleber einen Spiegel kleben und mit einem Perlenring (5 cm lang) verzieren.
Ein Perlenband von 14 cm Länge fädeln und das untere Ende des Perlonfadens mit Kraftkleber zwischen zwei, mit einem Perlenring verzierte Spiegel kleben.
Für das zweite 16 cm lange Perlenband blaue Rocailles und Glasschliffperlen (ø 6 mm) sowie als Abschluss den Dekodelfin auffädeln. Beide Perlenstränge an die Drahtspirale knoten.

Material

- Reagenzglas, ø 2 cm, 15,5 cm hoch
- Saugnapf
- Silberkordel, ø 1 mm
- Aludraht, ø 2 mm, 75 cm lang
- Spiegel, ø 15 mm
- Dekodelfin in Blau, 45 mm
- Glasschliffperlen in Blau, 8 x ø 6 mm, 1 x ø 10 mm, und 5 x in Transparent, ø 4 mm
- Rocailles in Hell- und Dunkelblau, ø 2,5 mm
- Glasstifte in Türkis, 6 mm lang
- Silberdraht, ø 0,2 mm, ca. 1 m lang
- Perlonfaden, ø 0,2 mm, ca. 17 cm und 13 cm lang

Windspiele aus Perlen

Biegen Sie an einem Ende des Silberdrahtes eine kleine Öse von ca. ø 4 mm. Dann fädeln Sie die Perlen auf den Draht auf, variieren Sie dabei nach eigenen Vorstellungen. Wenn der Draht bis auf ca. 3 - 4 cm mit Perlen bezogen ist, machen Sie wieder eine kleine Öse. Beachten Sie dabei, dass die Perlen nicht zu eng auf dem Draht liegen, da sie etwas Spielraum brauchen, wenn Sie die Spirale biegen.
Biegen Sie nun den Draht flach liegend zu einer Spirale, die Sie dann nach unten etwas auseinander ziehen.
Nun fädeln Sie auf Perlonfaden eine ca. 8 cm lange Perlenreihe mit einer großen Wachsperle als Abschluss auf und befestigen diese mit einer Quetschperle an der oberen Öse der Spirale.

Material

der Spirale in Pink

- Silberdraht, ø 0,5 mm, 80 cm lang
- Glasstifte in Pink, 6 mm lang
- Pailletten in Pink, ø 6 mm
- Rocailles in Pink, Rosa und Kristall, ø 2,6 mm
- Wachsperlen in Lila, ø 4 mm
- Wachsoliven, 6 mm
- Wachsperlentropfen, 13 mm
- Quetschperle

der Spirale in Braun

- Silberdraht, ø 0,5 mm, 80 cm lang
- Wachsperlen in Braun, ø 4 mm
- Glasstifte in Braun, 6 mm lang
- Pailletten in Hellgrün, ø 6 mm
- Rocailles in Grün, Hellgrün, Gold, Braun und Orange, ø 2,6 mm
- Wachsperle in Gold, ø 8 mm
- Quetschperle

der Spirale in Grün

- Silberdraht, ø 0,5 mm, 80 cm lang
- Wachsperlen in Weiß und Grün, ø 4 mm
- Glasstifte in Blau, 6 mm lang
- Pailletten in Grün, ø 6 mm
- Rocailles in Grün, ø 3 mm
- Rocailles in Dunkelblau, Hellgrün, Grün und Kristall, ø 2,6 mm
- Wachsperle in Weiß, ø 8 mm
- Quetschperle

Kleine Samtsäckchen

Säckchen in Dunkelblau

Zuerst den Draht zu einer kleinen Öse biegen und dann nach Ihren eigenen Vorstellungen die Perlen aufreihen. Den Draht zu einem üppigen Schnörkel formen und auf das Samtsäckchen aufnähen.

Material

- Silberdraht, ø 0,4 mm, 45 cm lang
- Wachsperlen in Weiß und Rot, ø 4 mm
- Wachsoliven in Rot, 6 mm
- Rocailles in Rot und Kristall, ø 3 mm
- Rocailles in Rot und Kristall, ø 2,6 mm

Säckchen in Violett

Ein Drahtende zu einer Öse biegen und die Perlen nach Belieben auffädeln. Dann den Draht zu einem s-förmigen Schnörkel formen und auf das Säckchen aufnähen.
Für die Blütchen werden die einzelnen Pailletten mit Textilklebstoff aufgeklebt, beginnen Sie mit der Blütenmitte und fixieren Sie sieben Pailletten darum.

Material

- Silberdraht, ø 0,4 mm, 25 cm lang
- Pailletten in Lila, ø 6 mm
- Textilkleber
- Wachsperlen in Bordeaux, ø 4 mm
- Wachsoliven in Lila, 6 mm
- Rocailles in Kristall, ø 3 mm

Säckchen in Pink

Arbeiten Sie je zwei rote und lilafarbene Blüten wie beim Efeukranz (S. 34) beschrieben und nähen Sie diese auf das Säckchen auf.
Für jeden Blütenstängel nähen Sie zwei Glasstifte und für die Blättchen je zwei Pailletten, die Sie mit einer Rocaille zusammen befestigen, auf.

Material

- Wachsperlen, ø 4 mm, 12 x in Lila, 12 x in Rot und 4 x in Weiß
- 8 Pailletten in Hellgrün, ø 6 mm
- 8 Glasstifte in Hellgrün, 6 mm lang
- 8 Rocailles in Blau-Grün, irisierend, ø 2 mm

In Organza gehüllt

In das Säckchen mit Spiegel etwas Folie legen und den Spiegel mit Kraftkleber aufkleben. Nun den Spiegel mit einem Perlenring (siehe Seite 27) umkleben, dabei die Fäden für die Perlenschnur stehen lassen. Darauf 3 Rocailles, 1 Glasschliffperle in Grün, 4 Rocailles, 1 Glasschiffperle in Kristall und 1 Rocaille fädeln. Den Faden um die letzte Rocaille herum führen, durch alle Perlen zurückstechen und verknoten. Für das blaue Säckchen aus den Wachsperlen einen Ring bilden, zusammen mit einer türkisfarbenen Perle aufnähen und mit drei ca. 4 cm langen Perlenschnüren schmücken.
Für das Mini-Säckchen fädeln Sie zwei ca. 4 cm lange Perlenschnüre auf und nähen diese an den Bändern des Säckchens fest.

Material

- Organzasäckchen, 2 x in Weiß, 8 cm x 10 cm, und in Blau, 9 cm x 13 cm
- Spiegel, ø 1,5 cm
- Rocailles in Dunkelblau, Kristall und Weiß, ø 2,6 mm
- Glasschliffperle in Grün, ø 6 mm, und in Kristall, ø 4 mm
- Perle in Türkis, ø 8 mm
- 8 Wachsperlen in Weiß, ø 4 mm

Komposition in Pink

Für das Windlicht die Perlen und Pailletten nach Belieben auf den Draht (ca. 2 m) fädeln und damit das Glas umwickeln. Anfang und Ende des Drahtes in eine Paillette einhängen und festkleben. Den Styroporkegel mit der Farbe bestreichen und gut trocknen lassen.
Perlen und Pailletten nach Wunsch auf Textildraht auffädeln, die Schnur an der Spitze mit Heißkleber fixieren und den Kegel damit umwickeln.
Aus 20 und 15 aufgezogenen Rocailles jeweils einen Ring binden, diesen mit Heißkleber auf der Spitze des Kegels fixieren und als Abschluss eine große Wachsperle mit einer Stecknadel darauf befestigen.

Material

- Glas in Weiß satiniert, ø 8 cm, 8 cm hoch
- Wachsperle in Weiß, ø 10 mm
- Styroporkegel, 12 cm hoch
- Pailletten in Lila und Grün, ø 6 mm und in Silber, ø 10 mm
- Rocailles in Lila, Bordeaux, Pink, Grün und Kristall, ø 2,6 mm
- Glasstifte in Rosa, 6 mm
- Textildraht in Lila und Pink, ø 0,6 mm und Stecknadel
- Bastelfarbe in Pink metallic

Perlenblüten und Drahtspiralen

Efeukranz

Material

- Kranz aus Birkenreisig, ø 30 cm
- Effektdraht in Gold
- Wachsperlen in Gold und Weiß, ø 4 mm
- Hortensienblüten
- Efeu
- Schleifenband

Für die Perlenblüten fädeln Sie sechs Perlen einer Farbe auf und verknoten den Strang zu einem Ring. Dann ziehen Sie auf ein Fadenende eine andersfarbige Perle als Blütenmitte auf. Diese legen Sie in die Ringmitte, schlingen den Faden auf der gegenüberliegenden Seite zwischen zwei Perlen um den Ringfaden herum und führen ihn durch die Mittelperle zurück. Nun verknoten Sie ihn mit dem anderen Fadenende. Damit sich der Knoten nicht löst, fixieren Sie ihn mit einem Tropfen Klebstoff. Die Perlenblüte kleben Sie mit Heißkleber in die Hortensienblüte.
Verwenden Sie im Wechsel goldene und weiße Perlen als Blüte oder Blütenmitte. Entscheiden Sie selbst, mit wie vielen Blüten Sie den Kranz verzieren möchten.
Bevor Sie die Hortensienblüten mit Heißkleber auf dem Kranz fixieren, umwickeln Sie ihn mit Efeu und Effektdraht. Mit einem farblich passenden Band hängen Sie den Kranz auf.

Tischlampe

Material

- Lampenschirm, ø 11 cm
- Aludraht, ø 1 mm, 65 cm, 1 m und 2 x 1,5 m lang
- Silberdraht, ø 0,25 mm

Für den oberen Ring den 65 cm langen Draht in der Mitte zusammenbiegen und mit einer Zange eng zusammendrücken.
Den doppelten Draht nun vom Knick aus zu einer Spirale (ø ca. 3 cm) drehen. Damit sich die große, doppelte Spirale nicht aufdrehen kann, umwickeln Sie deren Enden mit etwas dünnem Silberdraht. Dann mit dem inneren Spiraldraht eine weitere Spirale formen, die ca. 10 cm von der ersten entfernt ist. Ebenso mit dem äußeren Spiraldraht verfahren, hier beträgt der Abstand zwischen beiden Spiralen aber bloß 3,5 cm.
Um die Drahtform an das Glas anzupassen, drücken Sie die große Spirale mit dem Daumen an den oberen Glasrand und biegen ein Drahtende nach rechts, das andere nach links um den Glasschirm.
Für den mittleren Drahtring legen Sie den 1 m langen Draht in der Mitte zusammen und biegen wie oben beschrieben eine 2 cm große Spirale.

Dann formen Sie an den beiden Drahtenden je eine Spirale (ø 1,5 cm) und legen den Spiralring um das Glas (siehe oben und Foto).
Die unterste Drahtverzierung arbeiten Sie aus den beiden 1,5 m langen Drahtstücken in zwei Teilen, die später verbunden werden. Jedes Teil beginnen Sie mit einer großen, doppelt gewickelten Spirale. Messen Sie dafür von einer Seite des Drahtes 85,5 cm ab und legen Sie den Draht an dieser Stelle doppelt. Nun wickeln Sie die große Spirale (ø ca. 3 cm) eng auf. Dann das lange Drahtende nach links, das kurze nach rechts führen. Nach 11 cm zur Rechten legen Sie das Drahtstück doppelt und formen eine Spirale (ø 1,5 cm). Aus dem verbleibenden Drahtrest wickeln Sie eine einfache Spirale, die Sie später über den Glasrand nach unten biegen.
Messen Sie vom linken, langen Drahtende 45,5 cm ab und legen Sie den Draht an dieser Stelle wieder doppelt. Biegen Sie eine Spirale (ø 1,5 cm). Umwickeln Sie auch hier den Draht nach der Spirale mit etwas Silberdraht.
Nun von den beiden Drahtenden aus jeweils eine Spirale (ø 2 cm) formen. Diese kleinen Spiralen lassen Sie offen, so können Sie später durch Auf- oder Zudrehen den Ringumfang verändern.
Mit einem dünnem Silberdraht verbinden Sie die zwei Teile und legen den Ring über den Glasschirm. Nun drücken Sie den Draht an das Glas und biegen die Spiralen so, dass sie an dem unteren Rand des Glasschirmes anliegen.

Bilderrahmen

Biegen Sie die Drahtenden zu sich gegenüberliegenden Spiralen. Dann legen Sie das Zwischenstück passend zur Rahmenbreite in Wellen.
Mit durchsichtigem, doppelseitigem Klebeband fixieren Sie die Schnecken auf dem Rahmen.

Material

- Bilderrahmen, 20 cm x 15 cm
- Aludraht, ø 2 mm, 45 cm und 20 cm lang

Serviettenringe mit Spiralen und Wachsperlen

Vor dem Auffädeln der Perlen biegen Sie jeweils ein Drahtende zu einer kleinen Öse. Für den unteren Serviettenring fädeln Sie dann eine Wachsperle (ø 10 mm) als Beginn und abwechselnd 4-5 Rocailles und eine schwarze bzw. weiße Wachsperle auf. Ist der Draht mit Perlen bezogen (siehe Seite 5), ziehen Sie wieder eine große Wachsperle auf und formen das Drahtende zur Öse. Nun biegen Sie die Enden zu Schnecken und das Ganze zu einem Ring.

Für den mittleren Serviettenring Rocailles und kleine Wachsperlen nach Belieben aufziehen und wie vorher beschrieben verfahren.
Für die Spirale als Serviettenring ziehen Sie Rocailles und kleine Wachsperlen nach Belieben auf den Draht und setzen Akzente mit großen Wachsperlen. Den Ring zweimal um ein Gefäß (ø 6 cm) winden, um die Spiralform zu erhalten.

Material

- Wachsperlen in Weiß und Schwarz, ø 10 mm
- Wachsperlen in Schwarz, Weiß, Gold und Grau, ø 4 mm
- Rocailles in Kristall, Schwarz, Weiß und Grau, ø 3 mm
- Silberdraht, ø 0,6 mm, je Serviettenring 35 cm lang
- Gefäß, ø 6 cm

Goldene Zeiten

Für den Serviettenring biegen Sie die Enden des Aludrahtes zu Schnecken und den Rest über ein Gefäß (ø 6 cm) zu einer Spirale. Dann fädeln Sie die Perlen auf Effektdraht auf und umschlingen damit den Serviettenring.
Für den Tischkartenhalter legen Sie den Kieselstein auf die Mitte des Golddrahtes und umschlingen den Stein mit beiden Enden des Drahtes. Die Länge des Drahtes richtet sich nach der Größe Ihres Steines. Verdrehen Sie die beiden Drähte, beginnen Sie so nah wie möglich am Kieselstein. Die Perlen auf den Effektdraht aufreihen und damit den Drahtfuß umwickeln. Nun am oberen Ende eine Schnecke drehen und den Spiralfuß nach Wunsch in Form biegen.

Material

- Aludraht in Gold, ø 1 mm, ca. 60 cm lang
- Draht in Gold, 0,4 mm
- Effektdraht in Silber, ø 0,25 mm
- Rocailles in Rot, Kristall, Gold und Schwarz, ø 2,6 mm
- Kieselstein
- Gefäß, ø 6 cm

Obstmobile

Für die Äpfel aus dem roten Draht die Form nach Vorlage biegen, dabei an den Drahtenden zwei Haken, einen großen und einen kleinen, formen. Beide Enden miteinander verdrehen und den großen Haken nach oben, den kleinen nach unten biegen.
Für das Kerngehäuse aus dem dünnen Silberdraht eine Spirale (6 cm lang) wickeln, auf den dickeren Silberdraht (14 cm) schieben und zu einem Kreis formen. Die Drahtenden miteinander verdrehen und aus dem überstehenden Draht eine kleine Öse biegen. Den Rest abkneifen.
Auf dickeren Silberdraht (ø 0,6 mm, 9 cm lang) etwa 5 cm Perlen in Braun aufnehmen, zu einer Schnecke drehen und im Kerngehäuse befestigen. Dieses in den Apfel hängen.
Für das Blatt wickeln Sie aus dem grünen Draht eine Spirale (6 cm lang) und ziehen diese über den 10 cm langen Silberdraht. Formen Sie nun nach Vorlage das Blatt und befestigen Sie es am Apfel.
Die Birne arbeiten Sie nach Vorlage genauso aus dem goldenen Draht.
Zuletzt verbinden Sie die Einzelteile mit Garn zu einem Mobile.

Material

- Draht in Rot, ø 1 mm, 2 x 24 cm; in Grün, ø 0,2 mm, und in Gold, ø 1 mm, 32 cm lang
- Silberdraht, ø 0,2 mm und 0,6 mm
- Perlen in Braun, ø 2 mm

Vorlagenbogen

Herzen und Steine

Herzige Tischaufsteller

Für das Herz mit Wachsperle legen Sie den Kieselstein so auf den Draht, dass auf der einen Seite zwei Drittel und auf der anderen Seite ein Drittel des Drahtes sind. Nun schlingen Sie die beiden Enden einmal um den Stein und drehen die Drähte mit zwei bis drei Umdrehungen zusammen.
Fädeln Sie dann einige Perlen auf den kürzeren Draht auf und verdrehen Sie die Drähte miteinander. Die Perlen werden dabei verteilt und fest mit eingedreht. Das längere Drahtteil wird zu einem Kreis geformt und das Ende ebenfalls eingedreht. Nun machen Sie in der oberen Rundung des Kreises eine Einbuchtung und formen den Kreis zu einem Herz. Fädeln Sie zuletzt noch einige Perlen auf einen Faden und hängen Sie sie in das Herz ein.
Für das Drahtherz mit Effektdraht arbeiten Sie die Grundform wie oben beschrieben. Fädeln Sie nun einige Perlen auf den Effektdraht auf und umwickeln Sie die Herzform damit.

Material

- 2 Kieselsteine
- Draht in Silber, nylon ummantelt, ø 0,9 mm 2 x ca. 50 cm lang
- Wachsperle in Weiß, ø 10 mm
- Wachsperlen in Weiß und Gold, ø 4 mm
- Rocailles in Kristall, Silber und Rot, ø 2,6 mm
- Glasstifte in Kristall, 6 mm lang
- Effektdraht

Material

- Kieselstein
- Effektdraht in Gold
- Pailletten und Perlen

Briefbeschwerer

Ziehen Sie je nach Größe des Kieselsteines Perlen und Pailletten auf Effektdraht auf und umwickeln Sie damit den Stein.

Kleine Dekoherzen

Fädeln Sie auf den Effektdraht nach Belieben Perlen und Pailletten in Ihren Lieblingsfarben auf und umwickeln Sie damit die kleinen Herzen.

Material

- 3 Dekoherzen, 6 cm
- Effektdraht
- Rocailles, Pailletten, Wachsperlen und -oliven

Blaue Pracht

Mobile mit Fisch

Für das Mobile die Enden des Aludrahtes (55 cm) zu lockeren Spiralen mit ca. drei Windungen drehen. Das gerade Stück dazwischen leicht biegen und die beiden Drähte mit Silberdraht über Kreuz zusammenfügen. Nun den Spiralenanfang etwas nach außen ziehen.
Aus dem 46 cm langen Draht den Fisch nach Vorlage biegen. Für das Maul und das Auge verwenden Sie den ø 1 mm starken Draht und befestigen beides mit Sekundenkleber am Körper.
Aus türkisfarbenen Rocailles und Glasstiften eine Perlenschnur (36 cm) fädeln und den Fisch daran in der Mobilemitte fixieren.
Außerdem 20 Perlenschnüre (20 cm bis 34 cm) nach eigenen Vorstellungen fertigen. Den Abschluss bilden Glasschliffperlen, ein Facettenstein oder ein Dekodelfin. Um die Bänder am Mobile zu befestigen, können Sie die Stränge an das Mobile knoten und mit Sekundenkleber fixieren oder Perlenschlaufen fertigen. Dazu den Fadenanfang nach etwa 12 Perlen in den Strang zurückstechen und dort fixieren.

Material

- Aludraht, ø 2 mm, 2 x 55 cm und 46 cm lang
- Aludraht, ø 1 mm, ca. 20 cm
- Kegel, 25 mm lang, in Kristall und 2 x in Blau
- Tropfen, 50 mm lang, in Blau und 2 x in Kristall und 45 mm lang, 2 x in Blau
- 3 Dekodelfine in Kristall, 45 mm
- 10 Spiegel, ø 2 cm
- Glasstifte, 6 mm lang
- Rocailles in Hell- und Dunkelblau, Türkis, Weiß und Grün, ø 4 mm und ø 2,6 mm
- Glasschliffperlen, ø 4 mm, 10 x in Kristall, ø 6 mm, 6 x in Blau, 4 x in Türkis und 4 x Grün und ø 10 mm, 2 x in Blau

Vorlagenbogen

Tischwindlicht

Aus Aludraht biegen Sie zwei Ringe ø 15 cm und ø 36 cm groß. Zwei aus Silberdraht gewickelte Spiralen schlingen Sie nun eng um den Aludraht. Dann Perlenschnüre in Blau (28 cm) und Türkis (38,5 cm) auffädeln und mit Aufreihfaden in jeweils sieben Bögen am oberen Ring befestigen.
An den Stellen, an denen die Perlenbögen am Drahtring befestigt sind, je ein etwa 7 cm langes Perlenband aus dunkelblauen Rocailles anknüpfen. Für die Verzierung am unteren Drahtring werden insgesamt 9 Bögen gefertigt, jeder besteht aus 12 Glasstiften und einem Glaskegel bzw. einer Glasschliffperle und 12 Glasstiften.

Material Tischwindlicht

- Teelichthalter, 24 cm hoch, mit Glasschirm in Weiß satiniert, ø 11 cm
- Aludraht, ø 1 mm
- Silberdraht, ø 0,2 mm
- Rocailles in Blau, Türkis und Transparent, ø 2,6 mm
- Rocailles in Dunkelblau und Transparent, ø 4 mm
- Glasstifte in Türkis, 7 mm lang
- 5 Facettenkegel in Blau, 15 mm
- 4 Glasschliffperlen in Blau, ø 6 mm

Glitzernde Sterne

Bevor Sie die entsprechenden Perlen aufreihen, biegen Sie den Drahtanfang zu einer kleinen Öse. Nach dem Aufziehen verdrehen Sie die Drähte und schneiden überstehende Drahtreste ab.
Für den großen, kristallfarbenen Stern fädeln Sie die Rocailles auf Draht (25 cm) auf und formen diesen um eine Ausstechform (ø 8 cm) herum zu einem Stern, bevor Sie die Drahtenden verdrehen. In die Öse hängen Sie zusätzlich einen 3 cm langen Perlenstrang ein, den Sie nach eigenen Vorstellungen fertigen.
Für die roten Sterne abwechselnd je 10 schwarze Rocailles und rote Glasstifte auf Draht (25 cm) ziehen und in Form biegen.
Ebenso die mittelgroßen, kristallfarbenen Sterne aus ca. 15 cm Draht fertigen, nur dass Sie hier nur 5 weiße Rocailles und 20 Glasstifte verwenden.
Den goldenen Stern formen Sie aus 20 Glasstiften. Diese werden auf ca. 15 cm Draht aufgezogen.

Material

- Silberdraht 0,4 mm
- Rocailles in Kristall, Blau, Grau, Weiß und Schwarz, ø 2,6 mm
- Glasstifte in Rot, 20 mm lang, und in Kristall und Gold, 6 mm lang
- Wachsperle in Natur, ø 4 mm

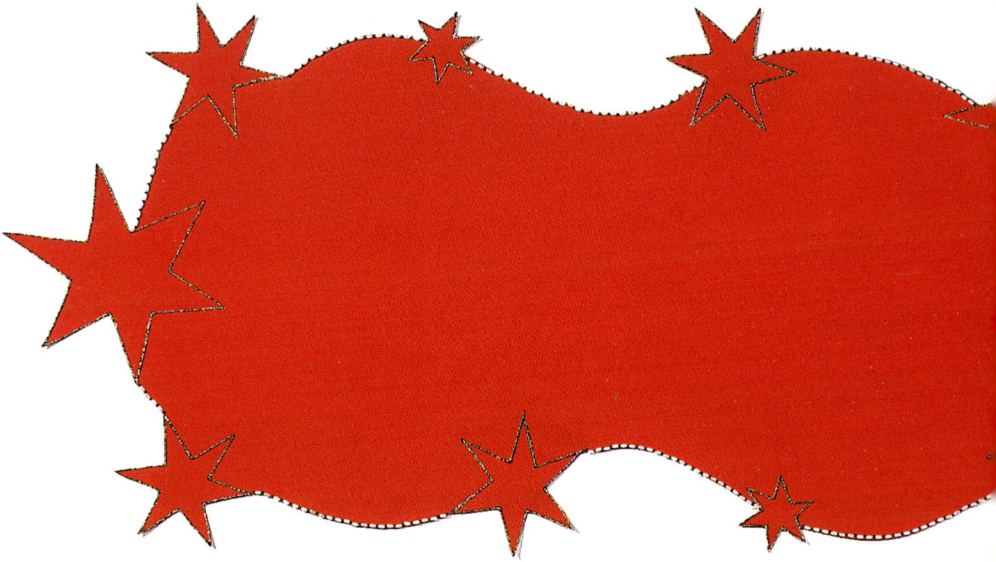

Weihnachtliches Raumdekor

(Abbildung auch auf Seite 48)

Tischläufer

Schneiden Sie den Tischläufer nach der Schnittvorlage zu. Die Kontur der Sterne malen Sie mit goldener Glitzerfarbe nach. Zwischen die Sterne nähen Sie an den Rand des Stoffes abwechselnd eine weiße Wachsolive und eine grüne Perle.

Material

- Filz, 350g/lfm, 40 cm breit, 1,6 m lang
- Glitzerfarbe in Gold
- Ca. 250 Wachsoliven in Weiß, 6 mm lang
- Rocailles in Grün, ø 2 mm

Vorlagenbogen

Glitzernder Rebengeflechtsstern

Auf den Draht ziehen Sie Wachsperlen und Rocailles in beliebiger Reihenfolge auf und umwickeln damit den Stern. Lassen Sie dabei unterschiedlich große Abstände zwischen den Perlen.

Material

- Rebengeflechtsstern, 25 cm
- Effektdraht in Kupfer, ø 0,25 mm, ca. 5 m lang
- Wachsperlen in Natur, ø 4 mm
- Rocailles in Rot, ø 2,6 mm

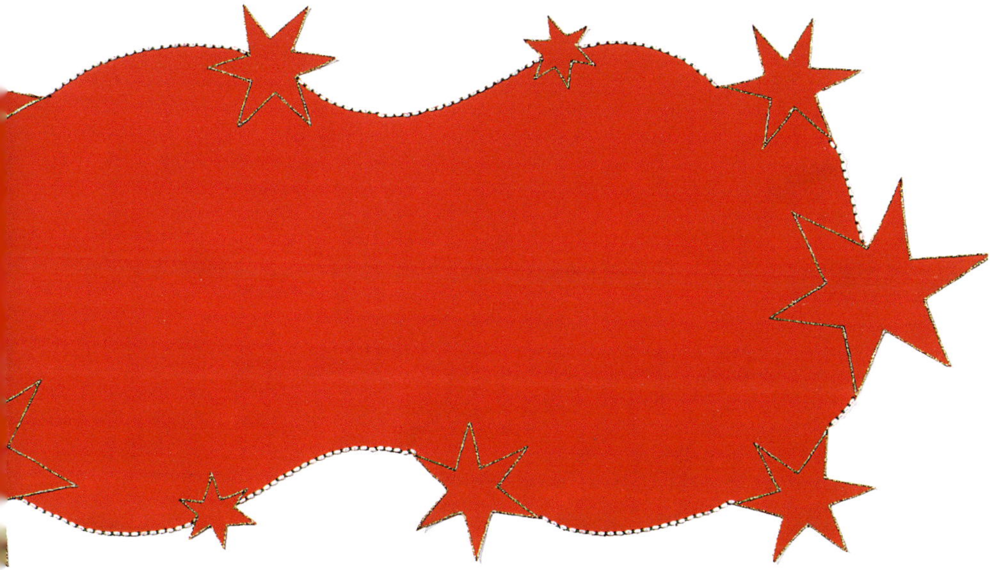

Weihnachtssterne und Tannenzapfen

Feiern Sie goldene oder silberne Weihnachten? Entscheiden Sie selbst und ziehen Sie auf den entsprechenden Draht nach Belieben Perlen und Pailletten auf. Damit umwickeln Sie den Stern oder Tannenzapfen, achten Sie dabei darauf, dass die Perlen gut verteilt sind.

Material

- 2 Deko-Sterne in Weiß, 8 cm
- Tannenzapfen
- Draht in Gold oder Effektdraht in Silber, ø 0,25 mm
- Effektdraht, ø 0,25 mm
- Perlen und Pailletten nach Belieben

Tipp

Entdecken Sie bei Ihrem Spaziergang noch geschlossene Tannenzapfen, so legen Sie sie an einen warmen Ort. Nach ein paar Tagen sind sie aufgegangen und einsatzbereit.

Weihnachtliches Raumdekor

(Anleitung Seite 46/47)